MASSIMO WOLKE
KACKENDE
PRINZESSINNEN
DAS MALBUCH

MASSIMO WOLKE

KACKENDE PRINZESSINNEN DAS MALBUCH

Bibliografische Information der Deutschen Nationalbibliothek:
Die Deutsche Nationalbibliothek verzeichnet diese Publikation in
der Deutschen Nationalbibliografie; detaillierte bibliografische
Daten sind im Internet über http://dnb.dnb.de abrufbar.

(c) 2019 Massimo Wolke
Herstellung und Verlag:
BoD - Books on Demand, Norderstedt

ISBN: 978-3-7494-8539-0

.